BEI GRIN MACHT SICH IHR WISSEN BEZAHLT

- Wir veröffentlichen Ihre Hausarbeit, Bachelor- und Masterarbeit

- Ihr eigenes eBook und Buch - weltweit in allen wichtigen Shops

- Verdienen Sie an jedem Verkauf

Jetzt bei www.GRIN.com hochladen und kostenlos publizieren

Gero Birke

Korporatismus in der BRD - Von der Konzertierten Aktion zum Bündnis für Arbeit

GRIN Verlag

Bibliografische Information der Deutschen Nationalbibliothek:

Die Deutsche Bibliothek verzeichnet diese Publikation in der Deutschen National-
bibliografie; detaillierte bibliografische Daten sind im Internet über http://dnb.d-
nb.de/ abrufbar.

Impressum:

Copyright © 2002 GRIN Verlag GmbH
Druck und Bindung: Books on Demand GmbH, Norderstedt Germany
ISBN: 978-3-638-93424-4

Dieses Buch bei GRIN:

http://www.grin.com/de/e-book/12432/korporatismus-in-der-brd-von-der-konzer-
tierte-aktion-zum-buendnis-fuer

GRIN - Your knowledge has value

Der GRIN Verlag publiziert seit 1998 wissenschaftliche Arbeiten von Studenten, Hochschullehrern und anderen Akademikern als eBook und gedrucktes Buch. Die Verlagswebsite www.grin.com ist die ideale Plattform zur Veröffentlichung von Hausarbeiten, Abschlussarbeiten, wissenschaftlichen Aufsätzen, Dissertationen und Fachbüchern.

Besuchen Sie uns im Internet:

http://www.grin.com/

http://www.facebook.com/grincom

http://www.twitter.com/grin_com

Technische Universität Braunschweig
Institut für Politikwissenschaften
Sommersemester 2002
Proseminar: Staats- und Demokratietheorie

23.09.2002

Korporatismus in der Bundesrepublik:
Von der Konzertierten Aktion zum Bündnis für Arbeit

Gliederung

1. Zentrale Fragestellung

Ist Korporatismus ist im Vergleich zu Pluralismus die politisch effektivere Organisationsform?

2. Geschichte des Korporatismus

- Der Korporatismus sieht sein Ideal, ein harmonisches Zusammenwirken aller organisierten gesellschaftlichen Kräfte, im mittelalterlichen Ständestaat verwirklicht.
- Der Faschismus diskreditierte den Begriff nachhaltig.
- In den 70er Jahren findet der Begriff als Neokorporatismus, der „die Formierung und Inkorporierung gesellschaftlicher Großgruppen und Interessenträger mit staatlicher Politik in liberal-demokratischen und kapitalistischen Industriestaaten" (von Alemann) bezeichnet, erneut Verwendung. Praktisches Beispiel für diesen neuen Korporatismus ist die „Konzertierte Aktion".

3. Korporatismus

- Korporatismus bezeichnet die unterschiedlichen Formen der Beteiligung gesellschaftlicher Interessengruppen an politischen Entscheidungsprozessen – sowohl bei der Formulierung politischer Ziele und den Entscheidungen darüber als auch bei der Erfüllung staatlicher Aufgaben und Leistungen (z.B. „Konzertierte Aktion").
- Die Arrangements werden zwischen Staat, Gewerkschaften und Unternehmerverbänden geschlossen.

Der Verbändebegriff in der Pluralismustheorie akzentuiert die Autonomie der Gruppen und ihren Einfluss auf Regierungsentscheidungen. Pluralistische „pressure groups" sind souveräne, nur an die speziellen Interessen ihrer freiwilligen Mitglieder gebundene Handlungseinheiten.

In der Realität sieht es meist so aus, dass Interessenverbände in weitläufige Beratungs- und Entscheidungsnetzwerke eingebunden sind, die oft von Regierungen geschaffen wurden oder von ihrer Unterstützung abhängen. D.h., dass erfolgreiche staatliche Einflussnahmen nicht mehr über „Hierarchie" stattfinden. Die alleinige Teilhabe des Zentralstaates oder der Landesregierungen entwickelt sich hin zu einer Beteiligung kommunaler und regionaler Institutionen etc.

Pluralismus ist nämlich nichts anderes als eine implizite, **wechselseitige Anpassung** der Kontrahenten, also „negative Koordination". Korporatismus dagegen setzt direkte Verhandlungen, also **aktive Konsensmobilisierung**, zwischen den Kontrahenten voraus. Dabei geht es nicht nur um wechselseitige Rücksichtnahme, sondern um die Verwirklichung übergeordneter Ziele, für die sich ein allgemeines, gleichwohl unterschiedlich ausgeprägtes Interesse der Beteiligten reklamieren lässt. Damit verbunden ist die Förderung kooperativer Orientierungen und gemeinschaftliches Handeln, die das pluralistische Kräftemessen gerade nicht voraussetzt.

4. Korporatismus *versus* Pluralismus

	Korporatismus	**Pluralismus**
Merkmale der Verbände	• begrenzte Anzahl	• Vielfalt
	• Mitgliedschaftszwang	• Freiwilligkeit
	• nichtkompetitiv	• kompetitiv
	• hierarchisch geordnet	• nichthierarchisch
	• funktional differenziert	• fließende Grenzen und Mehrfachmitgliedschaft
Merkmale der Staat-Verbände-Beziehungen	• staatliche Anerkennung	• keinerlei staatliche Begünstigung
	• Repräsentationsmonopol im Austausch gegen Kontrolle der verbandlichen Führungsauslese und Interessenartikulation	• keine staatliche Intervention in Verbändeangelegenheiten

Schmitters (1974: 97) Idealtypus in der Übersicht (Czada 1994: S. 45)

5. Spezifische Theorien zur Korporatismusdebatte

5.1. Schmitter (siehe ebenso 4. Korporatismus *versus* Pluralismus)

betont die strukturellen Elemente und charakterisiert Korporatismus:

1) Beteiligung einer begrenzten Anzahl von Verbänden an politischen Entscheidungen

2) interne hierarchische Strukturierung der Verbände

3) Zwangsmitgliedschaft

4) funktionale Differenzierung der Verbände

5) nicht kompetitives Verhalten gegenüber anderen Verbänden

6) staatliche Anerkennung

7) Ausstattung mit einem Repräsentationsmonopol im Austausch für die Kontrolle der verbandlichen Führungsauslese und Interessenartikulation (vgl. Nohlen 2001: S. 266)

Kritik des Konzeptes

Zwar betonen Schmitter und Crawson den gleichgerichteten Zusammenhang der Merkmale des korporatistischen Idealtyps: kleine Zahl, hierarchischer Aufbau, nichtkompetitive Beziehungen, funktionale Differenzierung der Verbände etc. Tatsächlich aber sind dies voneinander unabhängige Dimensionen der Interessenvermittlungsstruktur, die nicht unbedingt kovariieren.

Wie diese Zusammenhänge in der Wirklichkeit aussehen, hängt in erster Linie von den Regierungs- und Verwaltungssystemen ab, auf die sich Interessenpolitik richtet. Verbände werden sich zu Dachverbänden zusammenschließen, wenn sie dadurch ihren Zugang zur Politik verbessern können. Ihre Organisations- und Wettbewerbsbedingungen sind durch staatliche Organisation und Gegenverbände beeinflusst.

Lehmbruch weißt darauf hin, dass hierarchische Organisationsstrukturen neokorporatistische Arrangements in dem Maß gefährden, in dem sie die zu ihrer Stabilität notwendige *innerverbandliche Legitimation* schmälern. Das von Schmitter betonte Element der Zwangsmitgliedschaft würde dieses Problem auch dann nicht lösen, wenn korporatistische Strukturen sich durch materielle Vorteile rechtfertigen könnten: auch diese, etwa Arbeitsplatzsicherheit oder gewerkschaftliche Mitbestimmung auf Gewerkschaftsseite, müssen den Mitgliedern vermittelt werden. ... Hinzu kommt, dass die ... Beteiligung von Verbänden an der Ausführung korporatistisch ausgehandelter Politiken die Kooperation von Verbandsmitgliedern und Verbandapparaten zwingend erfordert. Eine hierarchische Organisationsstruktur ist insofern nicht nur Voraussetzung, sondern ebenso auch ein Handicap korporatistischer Verbändeeinbindung.

5.2. Lehmbruch

bezeichnet „Korporatismus als eine historisch-kontingente Antwort auf aktuelle Steuerungs-erfordernisse", was die Möglichkeit des Wandels bzw. der Anpassung von Korporatismus nicht ausschließe, diese aber auf institutionell zugelassene Alternativen begrenze.

Sein Konzept ist im Gegensatz zu Schmitters als Modus der Politikabstimmung zu verstehen. Er setzt an der Aufgabenkomplexität des aktiven Staates an und erarbeitet folgende korporatistische Funktionsbedingungen:

1) Organisation von Produzenteninteressen in Dachverbänden

2) Vernetzung von Parteien- und Verbändesystem

3) institutionalisierte Verhandlungen zwischen Regierung und Verbänden

4) Gewährträgerfunktion der Regierung

5) Schlüsselstellung der Gewerkschaften in Konzertierungsnetzwerken (vgl. Nohlen 2001: S. 266)

5.3. Neokorporatistische Austauschlogik

- Einen theoretischen Zugang, der Strukturen, Prozesse und „outcomes" neokorporatistischer Politikentwicklung verbindet, bietet m.e. bislang nur die neokorporatistische Tauschhypothese, die eine prozesstheoretische Ergänzung des organisationsstrukturellen Ansatzes darstellt.
- Verbände befinden sich stets im Spannungsfeld von Interessenvertretung und Verhandlungs-zwängen.

Zum einen sind sie einer *Mitgliedschaftslogik* ausgesetzt, die ihnen die Vereinheitlichung und Vertretung ihrer Mitgliederinteressen aufgibt. Zum zweiten unterstehen sie einer *Einflusslogik*, die den Austausch mit anderen Verbandsführungen und mit dem Staat steuert. Die Balance zwischen der Durchsetzung von Mitgliederinteressen und der Kompromissbildung in Verhandlungen lässt sich nur durch Austauschprozesse halten, in denen Verbandsführungen ständig als „Makler" auftreten. Die Gefolgschaft der Mitglieder für kompromissförmige Verhandlungsergebnisse und die Merkmale der Konfliktsituation bzw. die Verhandlungsobjekte sind die kritischen Größen dieses Balanceakts. Je mehr Gegenstände getauscht werden können und je positivere Wohlfahrtseffekte damit verbunden sind, um so leichter wird die Rolle der Unterhändler.

Mit der Tauschhypothese und der Unterscheidung von Mitgliedschafts- und Einflusslogik werden den Verbandsführungen autonome Handlungsspielräume zugebilligt und zugleich deren Grenzen abgesteckt. Der Ansatz zeigt deutlich den prekären Balanceakt korporatistischer Interessenvermittlung im Vergleich zum „pressure politics"-Modell der Pluralismustheorie.

- Der Vergleich zwischen Pluralismus und Korporatismus anhand eines marktähnlichen Modells ergibt, dass sich nach a) der Wettbewerbstheorie der Interessenvermittlung das pluralistische Kräftegleichgewicht in einem Prozess hergestellt – nach b) der Monopoltheorie korporatistische Verhandlungssysteme in der Regel nur dann funktionieren, wenn die beteiligten Verbände für das von ihnen vertretene Interesse ein Repräsentationsmodell besitzen.

Die Handlungsspielräume korporatistischer Verbandsführungen sind nämlich zweifach eingeschränkt: nach innen folgt aus einem Repräsentationsmodell, dass die Mitgliedschaft ein breites Spektrum darstellt und daher heterogene Interessen zu aggregieren sind; und im Außenverhältnis sind bei der Auseinandersetzung mit Gegeninteressen Rücksichtnahmen erforderlich. Eine einseitige Festsetzung von Tauschrelationen analog zur ökonomischen Monopoltheorie ist gerade im Fall von verbandlichen Repräsentationsmonopolen unmöglich. Neokorporatistische Austauschbeziehungen und ihre Mitgliedschaftslogik beruhen vornehmlich auf materiellen Legitimationen. Nur wenn die Beteiligten mit den Ergebnissen von Aushandlungsprozessen zufrieden sind, ist deren Stabilität gewährleistet. Dies ist der wesentliche Unterschied zur normativen Ständestaatslehre, die naturrechtliche oder religiös (katholische Soziallehre) begründet wird.

- Der oft als Stütze der Demokratie bezeichnete Gruppenpluralismus trägt den Keim sozialer Schließung und wechselseitiger Blockade in sich, während korporatistische Verbändeeinbindung einen Zwang zum Interessenkompromiss ausübt.

Demokratietheoretisch wirft pluralistische Interessenvermittlung größere Probleme auf als korporatistische Verbändebeteiligung. Die Möglichkeit einer Regierung, in den Verbändewett-bewerb einzugreifen, ist bei einer Vielfalt pluralistischer Gruppen schon aus technischen Gründen sehr gering. Hinzu kommt, dass kleine Sonderinteressengruppen das Allgemeininteresse viel leichter ausbeuten können als umfassende „Monopolverbände". Aufgrund eines engen Interessenspektrums ist ihr „demokratischer Egoismus" viel ausgeprägter. Darüber hinaus können sie ihre Belange nach außen effektiver vertreten, während Dachverbände durch ihre Interessenheterogenität aufgrund der inneren Konsensbildung oft zur Mäßigung gezwungen sind.

6. Beispiele zum Korporatismus

Das Gesetz zur Förderung der Stabilität und des Wachstums der Wirtschaft (Stabilitätsgesetz (StWG)) wird als „prozesspolitisches Grundgesetz" von 1967 eingestuft. Der Schwerpunkt liegt bei der gesamtwirtschaftlichen Ausrichtung und Koordination der Einnahmen und Ausgabenpolitik der verschiedenen Gebietskörperschaften. Abgesichert wurde es durch eine Änderung von Art. 109 §1 GG: „Bund und Länder haben bei ihren wirtschafts- und finanzpolitischen Maßnahmen die Erfordernisse des gesamtwirtschaftlichen Gleichgewichts zu beachten. Die Maßnahmen sind so zu treffen, dass sie im Rahmen der marktwirtschaftlichen Ordnung gleichzeitig zur Stabilität des Preisniveaus, zu einem hohen Beschäftigungsstand und außenwirtschaftlichem Gleichgewicht bei stetigem und angemessenem Wirtschaftswachstum beitragen." (vgl. Anderson/Woyke 2000: S. 572).

6.1. Konzertierte Aktion

- Die Konzertierte Aktion umschreibt a) ein gemeinsames, aufeinander abgestimmtes Verhalten der für den Wirtschaftsablauf verantwortlichen Instanzen und b) das Zusammentreffen bzw. die Gespräche zwischen Regierung und Tarifvertragsparteien im Bundeswirtschaftsministerium.
- Es besteht eine Tendenz zur Zentralisierung und Machterweiterung der Bundesregierung aufgrund der Globalsteuer und dem Instrumentenausbau des StWG.
- Ziel der Konzertierten Aktion war es, die mit der Tarifautonomie verbundene offene einkommens-politische Flanke der Globalsteuer durch eine „orientierende Einkommenspolitik der leichten Hand" (Schiller) abzudecken.
- Vor allem das Verhältnis von Staat und Verbänden stand in der Kritik. Die einen warnten vor einer versteckten Tendenz zum Verbändestaat. Außerdem kritisierten sie die ungleichen Teilnahmechancen auf der Verbandseite, da eine „Einladungswillkür" des Bundesministeriums bestehe. Die anderen befürchteten die Unterminierung der Tarifautonomie und eine Tendenz zu Staatsverbänden (vgl. Anderson/Moyke 2000: S. 573).

6.2. Das Bündnis für Arbeit

Am 07.12.1998 trafen sich Tarifparteien und Bundesregierung zu einem ersten Spitzengespräch über das „Bündnis für Arbeit, Ausbildung und Wettbewerbsfähigkeit", bei dem man sich auf einen Abbau der Arbeitslosigkeit und eine nachhaltige Stärkung der Wettbewerbsfähigkeit der Wirtschaft verständigte. Ein Maßnahmenkatalog, der 1. Sozialstaatsreform, 2. Wettbewerbsfähigkeit und 3. Direkte Arbeitsmarktpolitik beinhaltete, wurde beschlossen.

6.2.1. Ziele der Akteure des Bündnisses für Arbeit, Ausbildung und Wettbewerbsfähigkeit

	Regierung	Gewerkschaften	Arbeitgeber
zentrale Ziele	• Arbeitslosigkeit senken • Staatsquote senken	• Arbeitslosigkeit abbauen • Sozialstaat weiterentwickeln	• Kosten senken • Sozialstaat reduzieren
kurzfristig präferierte Instrumente	• Programm gegen Jugendarbeitslosigkeit • Rente mit 60/Altersteilzeitgesetz	• Programm gegen Jugendarbeitslosigkeit • Rente mit 60/Altersteilzeit	• Steuersenkung • moderate Lohnentwicklung
Tabu	• keine Erhöhung der Staatsquote	• kein Eingriff in die Tarifautonomie	• keine Eingriffe in die Dispositionsfreiheit des Unternehmens
Referenzmodelle	• Großbritannien, Frankreich und Niederlande	• Bündniskonzept 1995	• Niederländisches Modell

Aus Politik und Zeitgeschichte B 37, 1999

6.2.2. Organisationsstruktur des Bündnisses für Arbeit, Ausbildung und Wettbewerbsfähigkeit

Leiter des Bündnisses für Arbeit ist der Bundeskanzler. Das Kanzleramt fungiert als politischer Organisator des Bündnisses. Von ihm geht die Koordinierung zwischen den politischen und dem verbandlichen System aus, sowie zwischen den beteiligten Ministerien und Politikfeldern.

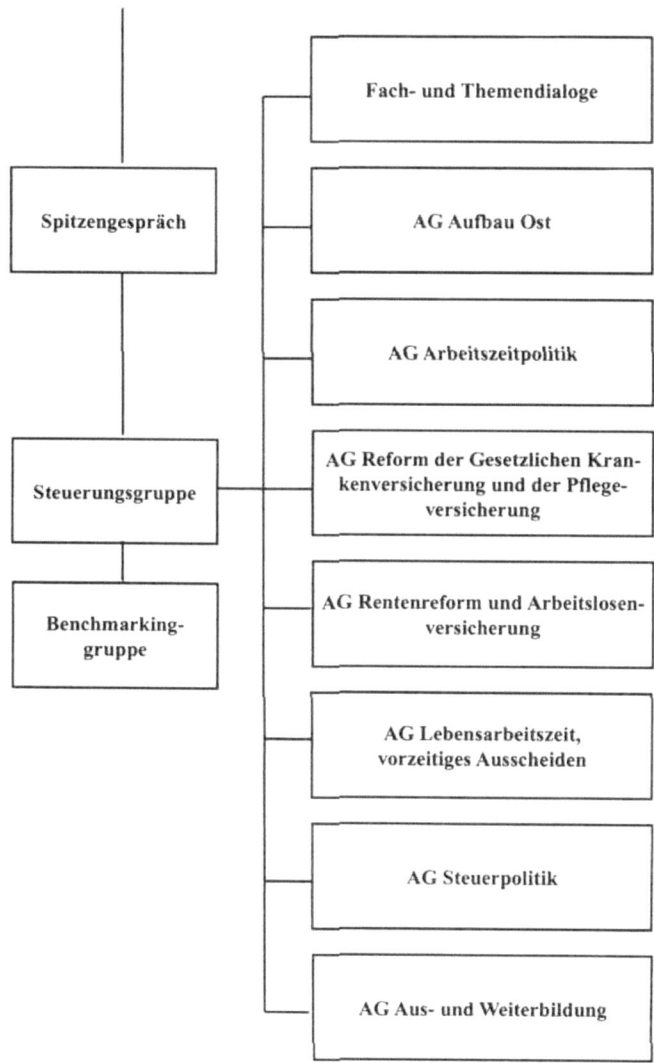

6.2.3. Kritik am Bündnis für Arbeit

- Ein Bündnis für Arbeit kann nicht funktionieren, weil von einer Regierung keine Arbeitsplätze verordnet werden können.
- Man kann nur durch attraktive Investitionsbedienungen für Mittelstand und Industrie neue Arbeitsplätze schaffen, wobei die attraktiven Investitionsbedienungen von der Politik herbeigeführt werden müssen.
- Im Nachteil sind die Gewerkschaften, denn wenn es ihnen ernst mit der Senkung der Arbeitslosigkeit ist, kann es schnell passieren dass sie über den Tisch gezogen werden.
- Das Job-AQTIV-Gesetz zwingt Arbeitslose um jeden Preis schlechte Jobs anzunehmen.
- Es fehlen 150.000 Ausbildungsplätze für Jugendliche. Viele Jugendliche sollen nur noch eine zweijährige „Schmalspurausbildung" erhalten. Eine halbe Million Jugendliche sind arbeitslos.
- Das Zuwanderungsgesetz und die „Greencard" teilt Ausländer in zwei Klassen – nützliche und weniger nützliche.

7. Diskussion

- Ist Korporatismus = Lobbyismus?

- „Ist Steuerung heute prinzipiell noch möglich?" (Heinze/Schmid 1994: S. 66)

- „Ist eine offene Ökonomie überhaupt steuerbar?" (Heinze/Schmid 1994: S. 66)

- Sind es etwa die handelnden Personen und deren „political will and skill"? (Heinze/Schmid 1994: S. 83)

- Direkte staatliche Interventionen bewirken eher Störung als Steuerung. (Heinze/Schmid 1994: S. 67)

- Ist das Bündnis für Arbeit sinnvoll oder bereits gescheitert?

Quellenverzeichnis

Adam, Hermann: WSI – Studien Nr. 21: Die Konzertierte Aktion in der Bundesrepublik; Bund-Verlag, Köln 1972

Anderson, Uwe/Woyke, Wichard (Hrsg.): Handwörterbuch des politischen Systems der Bundesrepublik Deutschland; Bundeszentrale für politische Arbeit, Bonn 2000

Arlt, Hans-Jürgen/Nehls, Sabine (Hrsg.): Bündnis für Arbeit – Konstruktion, Kritik, Karriere; Westdeutscher Verlag, Wiesbaden 1999

Czada, Roland: Konjunkturen des Korporatismus: Zur Geschichte eines Paradigmenwechsels in der Verbändeforschung. In: Streek, Wolfgang (Hrsg.): Staat und Verbände; Politische Vierteljahreszeitschrift 35. Jg. 1994 (Sonderheft 25/1994), Westdeutscher Verlag

Heinze, Rolf G./Schmid, Josef: Mesokorporatistische Strategien im Vergleich: Industrieller Strukturwandel und die Kontingenz politischer Steuerung in drei Bundesländern. In: Streek, Wolfgang (Hrsg.): Staat und Verbände; Politische Vierteljahreszeitschrift 35. Jg. 1994 (Sonderheft 25/1994), Westdeutscher Verlag

Korte, Karl Rudolf/Weidenfeld, Werner (Hrsg.): Deutschland Trend Buch – Fakten und Orientierung; Bundeszentrale für politische Bildung, Bonn 2001

Definition „Korporatismus". In: Nohlen, Dieter (Hrsg.): Kleines Lexikon der Politik; Bundeszentrale für Politische Bildung, Bonn 2001

Aus Politik und Zeitgeschichte B 37, 1999

World Wide Web[1]:
www.buendnis.de
www.gegen-buendnis-für-arbeit.de

---

[1] Stand: 25.05.2002